BEI GRIN MACHT SICH IHR WISSEN BEZAHLT

AF143739

- Wir veröffentlichen Ihre Hausarbeit, Bachelor- und Masterarbeit

- Ihr eigenes eBook und Buch - weltweit in allen wichtigen Shops

- Verdienen Sie an jedem Verkauf

Jetzt bei www.GRIN.com hochladen und kostenlos publizieren

Jürgen Tobisch

Schuld und Angst - das männliche Opfer und das „monströse Feminine"

"Basic Instinct" von Paul Verhoeven (1992)

GRIN Verlag

Bibliografische Information der Deutschen Nationalbibliothek:

Die Deutsche Bibliothek verzeichnet diese Publikation in der Deutschen National-
bibliografie; detaillierte bibliografische Daten sind im Internet über http://dnb.d-
nb.de/ abrufbar.

Impressum:

Copyright © 2000 GRIN Verlag GmbH
Druck und Bindung: Books on Demand GmbH, Norderstedt Germany
ISBN: 978-3-640-52206-4

Dieses Buch bei GRIN:

http://www.grin.com/de/e-book/99455/schuld-und-angst-das-maennliche-opfer-
und-das-monstroese-feminine

GRIN - Your knowledge has value

Der GRIN Verlag publiziert seit 1998 wissenschaftliche Arbeiten von Studenten, Hochschullehrern und anderen Akademikern als eBook und gedrucktes Buch. Die Verlagswebsite www.grin.com ist die ideale Plattform zur Veröffentlichung von Hausarbeiten, Abschlussarbeiten, wissenschaftlichen Aufsätzen, Dissertationen und Fachbüchern.

Besuchen Sie uns im Internet:

http://www.grin.com/

http://www.facebook.com/grincom

http://www.twitter.com/grin_com

Seminar für Filmwissenschaften

Sommersemester 2000

Proseminar Thriller

Erotik-Thriller - die Wiederkehr der Femme Fatal -

Schuld und Angst -

das männliche Opfer und das „monströse Feminine".

„Basic Instinct" von Paul Verhoeven (1992)

ausgearbeitetes Referat von

Jürgen Tobisch

Inhaltsverzeichnis

I. Einleitung

Nicht nur bei seiner europäischen Erstaufführung bei den Filmfestspielen von Cannes sorgte „Basic Instinct" für großen Rummel: Bereits während der Dreharbeiten stand der Film im Kreuzfeuer der Kritik: Militante Schwulengruppen protestierten gegen die ihrer Meinung nach negative und verletzende Art in der Homosexuelle (im Speziellen hier: die lesbischen bzw. bisexuellen Charaktere) in diesem Film dargestellt werden. Für etwas prüdere Amerikaner waren die sehr freizügigen Sexszenen fast schon der Untergang des Abendlandes. Wie später noch ausgeführt werden soll, ist diese Kritik jedoch in keinem Fall berechtigt, weder handelt es sich bei „Basic Instinct" um einen Porno, noch sind es nur die Homosexuellen die negativ dargestellt werden. Keiner der Charaktere im Film ist wirklich sympathisch, vielmehr hat man es mit einer ganzen „Familie" von „Psychos" zu tun, in dem keiner einer Möglichkeit zur Identifikation mit dem Zuschauer bietet.

II. Kurzinhalt des Filmes:

Ein ehemaliger Rockstar wird auf bestialische Weise ermordet. Hauptverdächtige ist dessen Freundin, die Schriftstellerin Catherine Tramell (Sharon Stone), die in einem ihrer Bücher den Mord bis aufs kleinste Detail beschrieben hat. Der Polizist Nick Curran (Michael Douglas) wird auf den Fall angesetzt, verliebt sich in die Tatverdächtige und beginnt eine heiße Affäre mit ihr. Im Laufe der Zeit glaubt er immer mehr an ihre Unschuld, während sich die Verdachtsmomente, gegenüber der Polizeipsychologin Dr. Beth Garner (Jeanne Tripplehorn), seiner Ex-Freundin, auch etwas mit dem Fall zu tun zu haben, immer mehr bestätigen zu scheinen. Schließlich wird auch noch sein bester Freund und Kollege Gus (George Dzundza) umgebracht und unmittelbar am Tatort taucht die Polizeipsychologin auf. Nick erschießt sie, weil er sie für die Mörderin hält und auch die Indizien sprechen für die Polizeipsychologin als Mörderin. Der Fall scheint geklärt, doch das letzte Bild des Filmes lässt wieder alles offen.

III. Genreeinordnung

Die Genreeinordnung von „Basic Instinct" gestaltet sich als schwierig. In den meisten Lexika läuft der Film unter dem Genre des „Erotik-Thrillers", manchmal wird er aber auch als Sexfilm bzw. Softporno bezeichnet. Aus der Sicht der feministischen Diskussion über

Pornographie könnte er, zumindest in einer Szene, aber auch durchaus unter dem Prädikat „pornographisch" eingeordnet werden, schließlich wird der Begriff hier unter anderem auch über den „Aspekt der Gewalt gegen Frauen und der Nötigung von Frauen" definiert. (· Quasi-Vergewaltigung der Psychologin durch den Polizisten) Die Grenzen jedoch zwischen dem was als „Erotik" und was als „Pornographie" angesehen wird, sind fließend. Herbert Selg versteht unter Pornographie Material „das sexuell stimuliert oder stimulieren kann, dabei aber deutlich aggressive Anteile enthält", wobei Aggressivität bereits vorliegt, wenn Menschen abgewertet bzw. degradiert werden „ohne dass der Kontext zu einer Reflektion darüber anregt". Erotik bzw. erotographisch ist für Selg Material das „die Sexualität eher auf Basis der Gleichwertigkeit der Beteiligten darstellt - ohne Degradierung. Zur Erotographie zählt Selg dann künstlerische Darstellungen, erotischen Realismus sowie Erotika zur sexuellen Stimulation. Doch was degradierend ist, ist natürlich immer von den Normen und Werten einer Gesellschaft abhängig und kann nicht grundlegend bestimmt werden. Trotzdem ist „Basic Instinct" tendenziell eher als erotisch und weniger als pornographisch anzusehen. Innerhalb seines Buches „Der pornographische Film" hat der Filmkritiker Georg Seeßlen versucht die Darstellung sexuellen Verhaltens im Film zu systematisieren. Nach der von Seeßlen aufgestellte Liste (Der erotische Film, Sex and Crime - Filme, Nudies, Sexploitation Movies, Sexfilme, Fake-Pornos, Mainstream-Pornos, Star-Pornos, Spezial-Pornos, Amateur-Pornos, verbotene Filme) kann man „Basic Instict" am ehesten in der Kategorie „Sex and Crime" - Filme einordnen. Im „Sex and Crime" - Film geschieht der Zugang zur Sexualität über die Gewalt. Es handelt sich hierbei meistens um Kriminalfilme, in der die Sexualität als Delikt vorkommt, (in unserem Fall sogar doppelt: Mord während des Geschlechtsaktes und verbotener Sex zwischen der Tatverdächtigen und dem Polizisten), das schlussendlich eine Strafe nach sich zieht (in unserem Fall: weitere Morde und Todesgefahr). Häufig sind diese Filme sehr moralisch, die Ausschweifung wird inszeniert und bestraft, es wird impliziert: „hättest du dich mit dieser Person nicht eingelassen, deine Triebe unter Kontrolle gehalten, wärst du nicht in das Schlammassel geraten". Auch Elemente dessen, was Seeßlen als „Sexploitation Movies" bezeichnet sind in „Basic Instinct" vorhanden: in „Sexploitation Movies" wird der „sexuelle Aspekt" eine Geschichte „ausgebeutet", d.h. man könnte die Geschichte auch ohne explizite Sexszenen zeigen, der Film würde trotzdem funktionieren, aber eben genau um diese Sexszenen geht es, sie stehen im Mittelpunkt.

Gemessen an der Gesamtlaufzeit von „Basic Instinct" nehmen jedoch die Sex- und Erotikszenen eine eher zweitrangige Position ein.

Vielmehr sind bei „Basic Instinct" zahlreiche Elemente des Polizeifilmes wiederzuerkennen wie zum Beispiel des Buddie-Movies (Gus (George Dzundza) ist Nicks (Michael Douglas) einziger, männlicher Freund und Bezugspartner, mit dem er nicht nur bei der Polizei zusammenarbeitet, sondern sich auch privat trifft, sein einziger nicht weiblicher Bezugspunkt, den er auch außerhalb des Polizeiapparats trifft. Diese Figur ermöglicht in ganz geringem Maße auch komödiantische Töne. Innerhalb des Polizeireviers beschützt in dieser füllige Kollege (Gegensatzpaar: dick-dünn) von den anderen ihm nicht so wohl gesonnenen Kollegen und vor sich selbst und seinen cholerischen Anfällen). „Basic Instinct" ist aber auch das Portrait eines Polizisten, der mit sich selber nicht mehr klar kommt. Der Polizist ist eben kein Held, sondern ein Antiheld, der „in seiner Seele und in einem exemplarischen Fall alle Widersprüche seiner Profession und Passion auslebt". Schließlich ist der Film auch ein Polizeithriller, in dem der (Anti)held mit Gewalttaten konfrontiert wird, die sein Seelenleben direkt betreffen. Wenn der Polizist mit der Tatverdächtigen (die eben beim Sex ihren Partner getötet habe soll) eine Affäre eingeht (mit dem Wissen, was früheren Liebhabern der Tatverdächtigen geschehen ist) und damit auch zum potentiellen Opfer wird, ringt er mit seiner eigenen Identität: Er versucht gegenüber der Verführungsgewalt des Bösen standhaft zu bleiben, seine (sexuelle) Lust zu zügeln, schafft es aber nicht.

Es zeigt sich also, das wir nicht von Genre des „Erotik - Thrillers" sprechen können, vielmehr setzt sich der Erotik-Thriller aus mehreren Genres zusammen wie zum Beispiel Kriminal-, Detektiv-, Polizeifilm und konventionellen Thriller, der mit einigen Erotik- bzw. Sexszenen „bereichert" ist, die sich wiederum durch die Verquickung von Erotik und Gewalt auszeichnen, die aber nie den Hauptteil des Filmes ausmachen.

IV.Die Hauptcharaktere

1.) Catherine Tramell (Sharon Stone) ist eine Wiedergeburt der „Femme Fatal", des männerverschlingenden Vamps, einer skrupellosen, verführerischen, dominanten Frau. Die Männer mit denen sie sich abgibt, dienen lediglich ihrer Lustbefriedigung, es wird keine richtige (Liebes)Beziehung zu ihnen aufgebaut. Sinngemäß antwortet Catherine auf die Frage des Polizisten „Wie lange waren Sie mit ihm (dem ermordeten Rockstar) zusammen?" nur mit „Ich war nicht mit ihm zusammen. Ich habe mit ihm gefickt". Ihre Sprache ist für eine Akademikerin ziemlich vulgär („Er konnte fantastisch ficken.") Für Catherine gibt es keine Liebe, sondern lediglich Triebe, die befriedigt werden müssen. Ihre Sexualität ist von einer sehr offenen, aktiven und selbstbestimmten Art: sie geht auf die Männer zu, flirtet mit ihnen und nicht umgekehrt. Ihre aktive Sexualität trägt sie auch öffentlich zur Schau, wie das in der Szene im Polizeirevier deutlich wird: auf Fragen bezüglich des ermordeten Rockstars spricht sie ganz offen über Ihre Sexualität, obwohl die Fragen nicht direkt in die Richtung gehen: „Ich mag Männer die meine Lust befriedigen, er verstand es mich zu befriedigen." Catherine hat nichts zu verbergen und in einer für sie eher bedrohlichen Situation wie einem Verhör setzt sie bewusst und gekonnt ihre körperlichen Reize ein und spielt mit den ausnahmslos männlichen Verhörpersonal und dessen Erwartungen: Vulgaritäten und direkte Flirts („Haben sie schon mal auf Koks gefickt, Nick?"), aber vor allem die bewusste Zurschaustellung ihrer Nacktheit, eben das sie *keinen* Slip unter dem Rock trägt und den Männern Einblick dorthin gewährt ist nicht das, was man von einer Verhörsituation erwartet. Die Rollen werden umgedreht, nicht die Männer führen das Verhör und haben die Frau im Griff, sondern die Frau spielt mit den Männern, die zwangsläufig zum Voyeur werden. Am Ende der Szene nimmt sie die Situation völlig in die Hand: „Wie wär's mit einem Lügendetektortest?", die Polizisten können nicht anders und ihr zustimmen, und natürlich ist das Ergebnis des Tests negativ.

Catherine betont auch immer wieder „ich habe nicht zu verstecken" : ganz offen lebt sie ihre Bisexualität aus, lässt ihre lesbische Freundin Roxy sogar beim Sex mit Nick zusehen. Ihre Bisexualität ist nur eine weitere Möglichkeit, ein möglichst abwechslungsreiches, „erfülltes", nach allen Seiten offenes Sexualleben zu führen. Ebenso offen ist sie bei den Motiven für ihre Beziehung zu Nick. Diese (Fick)beziehung ist wohl kalkuliert. Im Polizeiverhör bemerkt sie „Ich benutze Menschen für meine Bücher, deshalb warne ich auch jeden vor mir". Nick ist gewarnt, geht aber trotzdem eine (sexuelle) Beziehung mit ihr ein, obwohl sie im erzählt, das sie ihn lediglich zur Recherche für ein neues Buch über einen Polizisten, der sich in die falsche Frau verliebt, die ihn dann schließlich umbringt, benötigt. Mit der Fertigstellung des Buches scheint auch die Beziehung zu Nick zu Ende zu sein. Bezeichnenderweise sagt sie zu Nick: „Mein Buch ist fertig. Deine Rolle ist zu Ende." Die Bücher von Catherine Tramell sind ein zentrales Motiv in dem Film: auf der einen Seite spiegeln sie die Vergangenheit wieder (Catherine hat ein Buch über den einen Rockstar geschrieben, der auf grausame Weise umgebracht wird, auch den mysteriösen Tod ihrer Eltern hat sie in einem Buch verarbeitet), die nun zur Realität wird (die tatsächliche Ermordung des Rockstars, die Überlegung, ob vielleicht der Tod ihrer Eltern auch, einem ihrer Bücher entsprechenden, ein Mord ist) auf der anderen Seite wird das, was Catherine gerade schreibt in Zukunft tatsächlich geschehen (sie erzählt Nick von dem Buch mit dem Polizisten, der sich in die falsche Frau verliebt, Nick verliebt sich tatsächlich in die „falsche Frau", Nick ließt in dem fertigen Buch über den Mord an seinem Buddie Gus, kurze Zeit später findet dieser tatsächlich statt.). Die Filmhandlung wird als auf einer zweiten Ebene, die der Bücher, wiedergespiegelt.

2.) Nick Curran (Michael Douglas) ist ein zynischer und desillusionierter Cop, der bei einem Polizeieinsatz versehentlich zwei Touristen erschossen hat. Er entspricht genau dem Klischee eines kaputten, von Verlust gekennzeichneten (Film)Polizisten: seine Familie ist zerbrochen, er leidet unter seiner Einsamkeit und nicht ausgelebter Sexualität, („Ich hab bald Schwielen an der Hand") und versucht seinen Frust mit Alkohol zu ertränken. Sein ganzes Leben findet innerhalb des Polizeiapparats statt: sein einziger und bester Freund ist sein Partner Gus und selbst abends trifft er die Kollegen in der Polizistenkneipe. In dieses recht trostlose Polizistenleben tritt Catherine, die ihm in jeder Hinsicht überlegen ist und ihn mit ihrer vulgären, aggressiven Sexualität schnell um die Finger wickelt, die Nick, wie Gus es ausdrückt „mit ihrer Magna-Cum-Laude-Pussy das Gehirn frittiert". Catherine, die Akademikerin, weiß mehr über ihn, als ihm lieb ist, und weiß auch genau, wie sie ihre intellektuelle und psychische Überlegenheit gegenüber Nick ausnützt. Nick hofft auch durch seine Beziehung zu ihr den Mörder zu fassen, zu Catherines Geheimnis vorzudringen, aber Catherine gesteht nicht ihre Geheimnisse, „nur weil ich eine Orgasmus habe", wie sie sagt. Eindeutig ist sie hier das „stärkere", der Mann das „schwächere Geschlecht". Sein Verhalten verliert den letzen Funken Rationalität und ist nur noch von seinem Verlangen und Trieben bestimmt. Die Gewalt, die er sonst gezwungen ist, in seinem Beruf auszuleben (cholerische Gewaltausbrüche gegenüber Kollegen, die versehentliche Erschießung der Touristen), lebt er jetzt im aggressiven Sex mit Catherine aus. Zudem ist der Polizist wie Georg Seeßlen schreibt „immer auch eine Gestalt der erotischen Mythologie, nicht nur die Verkörperung eines Prinzips der strafenden Instanz, des moralischen Über-Ich, sondern selbst verstrickt in die widersprüchliche Inszenierung von Gewalt und Sexualität, das zeigt sich nicht nur im „kaputten" Privatleben des Helden, in der Störung seiner bürgerlichen Liebesgeschichte und seiner Anfechtung durch Frauen aus dem kriminellen Milieu, die Prostituierten oder verlorenen Engel der Straße, es zeigt sich immer auch in der Beziehung zwischen dem Polizisten als Jäger und dem sexuell motivierten Verbrecher, den er jagt."

3.) Dr. Beth Garner (Jeanne Tripplehorn), die Polizeipsychologin, die wegen des brutalen Mordes aber auch wegen Nicks anhaltender Aggressionen zum Fall hinzugerufen wird hat die Funktion einer „Femme fragile", einer verletzlichen, zerbrechlichen Frau. Obwohl die Affäre, die sie mit Nick hatte schon längere Zeit zurückliegt, hat sie noch immer große Gefühle für ihn. Nicht sie war es, die die Beziehung beendet hat, sondern er. Dementsprechend versucht sie ihn wieder für sich zurückzugewinnen und ist sowohl bereit ihm ein Gefälligkeitsgutachten zu schreiben als auch sich auf Nicks gewalttätige, einer Vergewaltigung gleichenden Sexspielchen einzulassen. Wie Nick gegen den Verhaltenskodex, niemals mit einer Tatverdächtigen eine Beziehung einzugehen, verstößt, verstößt sie gegen die Vorgabe, das eine Psychologin nie etwas mit einem Patienten anfangen soll, sie ist also ebenso befangen wie Nick. Interessant ist außerdem, dass sie im Laufe des Filmes immer mehr zur dritten Hauptperson und zur ebenso wahrscheinlich Täterin wie die Schriftstellerin wird. Wie Nick (tote Touristen) und Catherine (tote Eltern, toter Liebhaber) hat auch sie einige „Leichen" im Keller, was aber erst gegen Schluss des Films evident wird: Ihr Ehemann (= Liebhaber) wurde ebenfalls ermordet, zudem hatte sie eine kurze Affäre mit Catherine, mit der sie an der selben Universität studiert hat. Keiner in diesem Film ist ohne Schuld.

Folgendes Verhältnis der Figuren zueinander ergibt sich:

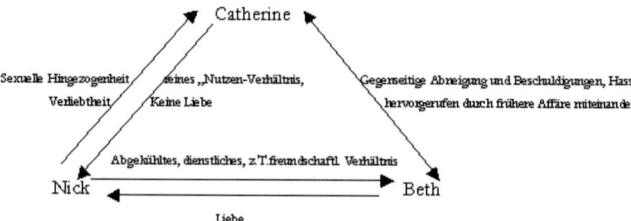

V.Sexualität und Gewalt

Auffallend ist dass, wenn Sexualität in „Basic Instinct" gezeigt wird, diese immer mit Gewalt verbunden ist. Der Film spiegelt das wieder, was Volkmar Sigusch, die „neosexuelle Revolution" nennt: „Die Kulturform Sexualität verlor an symbolischer Bedeutung, wird heute nicht mehr als die Lust und Glücksmöglichkeit schlechthin überschätzt. Wurde sie am Ende der 60er Jahre positiv mystifiziert als Rausch, Ekstase und Transgression, wird sie heute negativ diskursiviert als Gewalt, Missbrauch und tödliche Infektion." Am deutlichsten wird dies in der Anfangssequenz, dem Mord an Johnny Boz. Der ehemalige Rockstar hat heftigen, aggressiven Sex mit einer blonden Frau. Während des Liebesspiels fesselt sie ihn ans Bett.

(Fesslung, eine Form sadomasochistischer Sexpraktiken)Nun kann er sich nicht bewegen, ist der Frau völlig ausgeliefert, sie kann machen mit ihm, was sie will: Mit einem Eispickel tötet sie ihn in einem der intimsten und verwundbarsten Momenten in denen ein Mensch/der Mann sich befinden kann, bei der Ausübung von Geschlechtsverkehr im Bett. Der Mord ist eine Umkehrung der männlichen Penetration, der phallusartige Eispickel dringt stoßartig in den männlichen Körper ein, so wie vorher der Mann die Frau penetriert hat.

Auch die Sexszene zwischen Nick und der Beth, der Psychologin zeichnet sich durch die Verquickung von Gewalt und Sexualität aus, sie ist quasi eine Art „Vergewaltigung": Nach einigen „heißen" Küssen reißt Nick ihr die Kleider vom Leib und penetriert sie gegen ihren Willen von hinten. „So warst Du bis jetzt noch nicht. Du hast nicht mit mir Liebe gemacht. Das war keine Liebe." , sagt Beth danach.

Ebenso ist der Geschlechtsverkehr von Nick und Catherine von Brutalität und SM-Praktiken bestimmt: Sie kratzt ihm mit ihren Fingernägeln den Rücken blutig, fesselt ihn ans Bett und schmeißt sich, wie wenn sie mit dem Eispickel ausholen würde auf ihn drauf. Nick durchlebt im Sex mit Catherine Angstzustände, „aber gerade das macht ihn so gut", wie er betont. Permanent betont „Basic Instinct" die zerstörerische Seite der Sexualität (auch Roxy, die lesbische Freundin von Catherine versucht aus Eifersucht Nick zu töten) und mündet schließlich in der Moral: hinter jedem außerehelichen Geschlechtsverkehr lauert der Tod.

VI.Suspense

Permanent spielt der „Basic Instinct" auf gekonnte Weise mit dem Zweifel der Zuschauer. Es stellt sich die zentrale Frage: Verdient es die eine Hauptperson (Catherine), das man ihr vertraut? Dem Zuschauer geht es wie dem Polizisten Nick, er kommt in ein Wechselbad der Gefühle und weiß nicht mehr, wem er glauben soll: Immer wieder wird er mit Elementen des Verdachts konfrontiert, immer wieder gibt es Argumente die dagegen sprechen und es ist ihm nicht möglich, sich eine feste Meinung zu bilden, weil sie im nächsten Moment wieder in Frage gestellt wird. Wie in einigen Filmen, den ein Drehbuch von Joe Eszterhas zu Grunde liegt wird erst im allerletzten Moment bzw. Bild die „Wahrheit" verraten und selbst dann bleibt noch ein Hauch Unsicherheit. (Vgl. hierzu: „Jagged Edge", USA 1985; „Music Box" USA 1989; „Jade", USA 1995). Die „Wahrheit" ist jedoch willkürlich und keine logische Konsequenz aus dem Filmverlauf. Da der Film so viele Fährten gelegt hat, ohne sie aufzulösen wäre auch jede andere Auflösung möglich und ebenso schlüssig.

VII.Filmhistorische Besonderheiten

Es ist sicherlich kein Zufall dass „Basic Instinct" in San Francisco, der vielleicht freizügigsten Stadt der USA spielt: Nicht nur Michael Douglas kommt zurück zu den „Straßen von San Fransisco", San Francisco ist auch Schauplatz von Alfred Hitchcocks „Vertigo" (USA 1958), der mehrmals zitiert wird: Zum einen in der Filmmusik von Jerry Goldsmith, die sehr an die „Vertigo" - Filmmusik von Bernhard Herrmann erinnert und eine ähnliche atmosphärische Wirkung entfacht, zum anderen in einer Treppenaufnahme, die nahezu direkt aus „Vertigo" kopiert ist. Die auffallendste Gemeinsamkeit ist jedoch die der Hauptdarstellerinnen. Sharon Stone ist quasi die monströse Wiedergeburt von Hitchcocks rätselhafter „kühler Blonden", die in „Vertigo" von Kim Novak, in andern Hitchcock-Filmen von Tippi Hedren verkörpert wird. Auch für die rasante Autoverfolgungsjagd steht ein in San Francisco spielender Film Pate: „Bullitt" (USA 1968), quasi der Film, der für alle folgenden, anderen Filmautojagden eine Vorbildfunktion einnimmt.

Die berühmte Szene, in der Catherine ihre Beine kreuzt und ein Blick auf ihr Geschlecht zulässt ist ebenfalls filmhistorisch interessant: es handelt sich hierbei um einen sogenannten „Beaver-Shot". Bis in den 60er Jahren durfte selbst in den amerikanischen Sexfilmen (Nicht Pornos !) „das weibliche Geschlecht überhaupt nicht, das männliche allenfalls in nicht erigiertem Zustand gezeigt werden". In den sogenannten „Beaver-Loops" konzentrierte sich die Kamera, nachdem sie kurz die „Gesamt - Topographie" des weiblichen Körpers abgefahren hatte besonders auf die Regionen unterhalb des Bauchnabels, die „in aller Unschuld" gezeigt wurden.

VIII.Symbolebene

Eis: Catherine ist wahrsten Sinne des Wortes eine Eisprinzessin: sie ist eiskalt, kühl, kalkulierend und in mehreren Szenen ist sie beim Eiszerkleinern zu sehen. Mit dem Eispickel bricht sie auch sprichwörtlich das Eis zwischen sich und Nick.

Feuer: Zu Beginn des Filmes spielt Catherine nur mit ihrem Feuerzeug und Nick wird kalkuliert von ihr „angemacht" (vulgäre Sprache, kurze Berührungen), aber Nick „brennt noch auf kleiner Flamme". Spätestens nach dem ersten gemeinsamen Sex zwischen Nick und

Catherine ist das Feuer entfacht: in Catherines Strandhaus stehen beiden an einem großen Gartengrillfeuer. Während der nächsten Sexszene wird die Verbindung von Sex und Feuer noch deutlicher: Während des Geschlechtsverkehrs zwischen den beiden lodert das Kaminfeuer im Strandhaus.

Feudale Häuser: Spiegeln den gesellschaftlichen Unterschied zwischen Nick und Catherine wieder: Nick ist ein einfacher Cop, der auch in einfachen Verhältnissen lebt, während Catherine nicht nur intellektuell, sondern auch finanziell in der höheren Klasse spielt: sie kann sich ein Stadt - und ein Strandhaus, eine Haushälterin und sogar einen Picasso leisten.

Literaturverzeichnis:

Hain, Peter: Filmkritik, in KINOHIT 6/92

Mikos, Lothar: "Von der Zurschaustellung des Körpers zur Nummernrevue. Anmerkungen zur Pornographiediskussion aus film- und kulturwissenschaftlicher Sicht", in: TV - Diskurs 3/97

Seeßlen, Georg: Der pornographische Film. Von den Anfängen bis zur Gegenwart, Ullstein 1990

Seeßlen, Georg: Copland - Geschichte und Mythologie des Polizeifilms, Schüren 1999

Seeßlen, Georg: Thriller - Kino der Angst, Schüren 1995

Sigusch, Volkmar: „Die Trümmer der sexuellen Revolution", in „Die Zeit" Nr.41, 1996

http://www.der-filmkritiker.de/basicinstinct.htm

http://www.film.com/film-review/1992/8286/109/default-review.html

http://www.filmsite.org/basi.html

http://www.suntimes.com/ebert/ebert_reviews/1992/03/746912.html